I0113768

www.ingramcontent.com/pod-product-compliance
Lightning Source LLC
Chambersburg PA
CBHW080003280326
41935CB00013B/1746

* 9 7 8 1 9 6 8 3 6 9 0 1 9 *

Rasmul Quraan

The Forgotten Practice of Writing Quraan

WorkBook

2

BaQarah 75-141, Hizb 2 Juz 1

Timbuktu Seminary

Published in the United States by Timbuktu Press – <www.timbuktupress.com>

Timbuktu Press First Edition, 2025

ISBN: 978-1-968369-01-9

About this Workbook

Traditionally, the memorization of Quraan included writing it out by hand. It was understood that through writing out the Quraan, its aayaat would be sealed into the hearts and minds of the up and coming students. However, with the advent of electronic tablets and video games, the practice of writing out the Quraan has been rapidly disappearing. This workbook is our attempt to fight this dangerous trend.

When a student was preparing to write out the Quraan, he would find a wooden board called a "LawH" to write on. The average LawH could fit a Hizb of Quraan on it. After memorizing the written Hizb, the student would wash the LawH and start writing a new Hizb.

In keeping with this tradition, each one of these workbooks is one Hizb, approximately ten pages in the modern day mus-Haf. Simply trace the aayaat provided, and strengthen your memorization of Allaah's Words.

The entire Workbook series has been organized by Al-Ustaadhah, Umm Mujaahid Faatimah As-Salafy, under my direct supervision. Therefore, please bring any mistakes to my attention.

Abu Taubah Mukhlis
Director of Education/Timbuktu Seminary
26 Sha'baan 1446 H/2025 CE

Warning not to Abandon the Quraan

Those who are negligent in learning the Quraan are considered to have abandoned it. And only the enemies of the Prophet MuHammad, abandon the Quraan. In this regard; Allaah and His Messenger say,

وَقَالَ ٱلرَّسُولُ يَٰرَبِّ إِنَّ قَوْمِى ٱتَّخَذُوا۟ هَٰذَا ٱلْقُرْءَانَ مَهْجُورًا

وَكَذَٰلِكَ جَعَلْنَا لِكُلِّ نَبِىٍّ عَدُوًّا مِّنَ ٱلْمُجْرِمِينَ ۗ وَكَفَىٰ بِرَبِّكَ هَادِيًا وَنَصِيرًا

The Messenger (MuHammad) cried out to his Lord saying, "O my Lord! My people have taken to neglecting this Quraan."

And in this way, We have taken criminals and made them the enemies of every Prophet. But your Lord is a sufficient Guide and Helper[1].

And from the guidance and help of our Lord is that He has taught us by way of the PEN. We hope that this workbook inspires you to pick up your pen and write out the Quraan.

---

[1]Soorah 25 FurQaan 30-31

Major Symbols

صلے

It is preferred to continue reading, but stopping is permissible.

قلے

It is preferred to stop reading, but continuing without stopping is permissible.

ج

It is recommended to stop.

۩

This identifies a place wherein one should prostrate.

لا

no stop

أَفَتَطۡمَعُونَ أَن يُؤۡمِنُواْ لَكُمۡ وَقَدۡ

كَانَ فَرِيقٞ مِّنۡهُمۡ يَسۡمَعُونَ كَلَٰمَ

ٱللَّهِ ثُمَّ يُحَرِّفُونَهُۥ مِنۢ بَعۡدِ مَا عَقَلُوهُ

وَهُمۡ يَعۡلَمُونَ **75** وَإِذَا لَقُواْ ٱلَّذِينَ

ءَامَنُواْ قَالُوٓاْ ءَامَنَّا وَإِذَا خَلَا

بَعۡضُهُمۡ إِلَىٰ بَعۡضٖ قَالُوٓاْ

أَتُحَدِّثُونَهُم بِمَا فَتَحَ ٱللَّهُ عَلَيْكُمْ

لِيُحَآجُّوكُم بِهِۦ عِندَ رَبِّكُمْ ج أَفَلَا

تَعْقِلُونَ 76 أَوَلَا يَعْلَمُونَ أَنَّ ٱللَّهَ

يَعْلَمُ مَا يُسِرُّونَ وَمَا يُعْلِنُونَ 77

وَمِنْهُمْ أُمِّيُّونَ لَا يَعْلَمُونَ ٱلْكِتَٰبَ

إِلَّآ أَمَانِىَّ وَإِنْ هُمْ إِلَّا يَظُنُّونَ 78

فَوَيْلٌ لِّلَّذِينَ يَكْتُبُونَ ٱلْكِتَٰبَ

بِأَيْدِيهِمْ ثُمَّ يَقُولُونَ هَٰذَا مِنْ عِندِ

ٱللَّهِ لِيَشْتَرُوا۟ بِهِۦ ثَمَنًا قَلِيلًا صلى فَوَيْلٌ

لَّهُم مِّمَّا كَتَبَتْ أَيْدِيهِمْ وَوَيْلٌ لَّهُم

مِّمَّا يَكْسِبُونَ **79** وَقَالُوا۟ لَن تَمَسَّنَا

ٱلنَّارُ إِلَّآ أَيَّامًا مَّعْدُودَةً ج قُلْ

أَتَّخَذْتُمْ عِندَ ٱللَّهِ عَهْدًا فَلَن يُخْلِفَ

ٱللَّهُ عَهْدَهُۥٓ صلى أَمْ تَقُولُونَ عَلَى ٱللَّهِ

مَا لَا تَعْلَمُونَ 80 بَلَىٰ مَن كَسَبَ

سَيِّئَةً وَأَحَٰطَتْ بِهِۦ خَطِيٓـَٔتُهُۥ

فَأُو۟لَٰٓئِكَ أَصْحَٰبُ ٱلنَّارِ صلى هُمْ فِيهَا

خَٰلِدُونَ 81 وَٱلَّذِينَ ءَامَنُوا۟ وَعَمِلُوا۟

ٱلصَّٰلِحَٰتِ أُوْلَٰٓئِكَ أَصْحَٰبُ ٱلْجَنَّةِۖ

هُمْ فِيهَا خَٰلِدُونَ 82 وَإِذْ أَخَذْنَا

مِيثَٰقَ بَنِيٓ إِسْرَٰٓءِيلَ لَا تَعْبُدُونَ إِلَّا

ٱللَّهَ وَبِٱلْوَٰلِدَيْنِ إِحْسَانًا وَذِي

ٱلْقُرْبَىٰ وَٱلْيَتَٰمَىٰ وَٱلْمَسَٰكِينِ

وَقُولُوا۟ لِلنَّاسِ حُسْنًا وَأَقِيمُوا۟

ٱلصَّلَوٰةَ وَءَاتُوا۟ ٱلزَّكَوٰةَ ثُمَّ تَوَلَّيْتُمْ

إِلَّا قَلِيلًا مِّنكُمْ وَأَنتُم مُّعْرِضُونَ 83

وَإِذْ أَخَذْنَا مِيثَـٰقَكُمْ لَا تَسْفِكُونَ

دِمَآءَكُمْ وَلَا تُخْرِجُونَ أَنفُسَكُم مِّن

دِيَـٰرِكُمْ ثُمَّ أَقْرَرْتُمْ وَأَنتُمْ تَشْهَدُونَ 84

ثُمَّ أَنتُمْ هَٰٓؤُلَآءِ تَقْتُلُونَ أَنفُسَكُمْ

وَتُخْرِجُونَ فَرِيقًا مِّنكُم مِّن دِيَٰرِهِمْ

تَظَٰهَرُونَ عَلَيْهِم بِٱلْإِثْمِ وَٱلْعُدْوَٰنِ

وَإِن يَأْتُوكُمْ أُسَٰرَىٰ تُفَٰدُوهُمْ وَهُوَ

مُحَرَّمٌ عَلَيْكُمْ إِخْرَاجُهُمْ ج

أَفَتُؤْمِنُونَ بِبَعْضِ ٱلْكِتَٰبِ

وَتَكْفُرُونَ بِبَعْضٍ ج فَمَا جَزَآءُ مَن
يَفْعَلُ ذَٰلِكَ مِنكُمْ إِلَّا خِزْىٌ فِى
ٱلْحَيَوٰةِ ٱلدُّنْيَا صلے وَيَوْمَ ٱلْقِيَٰمَةِ
يُرَدُّونَ إِلَىٰٓ أَشَدِّ ٱلْعَذَابِ قلے وَمَا
ٱللَّهُ بِغَٰفِلٍ عَمَّا تَعْمَلُونَ 85

أُوْلَٰٓئِكَ ٱلَّذِينَ ٱشۡتَرَوُاْ ٱلۡحَيَوٰةَ

ٱلدُّنۡيَا بِٱلۡأٓخِرَةِۖ فَلَا يُخَفَّفُ عَنۡهُمُ

ٱلۡعَذَابُ وَلَا هُمۡ يُنصَرُونَ **86** وَلَقَدۡ

ءَاتَيۡنَا مُوسَى ٱلۡكِتَٰبَ وَقَفَّيۡنَا مِنۢ

بَعۡدِهِۦ بِٱلرُّسُلِ صلى وَءَاتَيۡنَا عِيسَى

ٱبۡنَ مَرۡيَمَ ٱلۡبَيِّنَٰتِ وَأَيَّدۡنَٰهُ بِرُوحِ

ٱلْقُدُسِ ۗ أَفَكُلَّمَا جَآءَكُمْ رَسُولٌۢ بِمَا

لَا تَهْوَىٰٓ أَنفُسُكُمُ ٱسْتَكْبَرْتُمْ

فَفَرِيقًا كَذَّبْتُمْ وَفَرِيقًا تَقْتُلُونَ 87

وَقَالُوا۟ قُلُوبُنَا غُلْفٌۢ ۚ بَل لَّعَنَهُمُ

ٱللَّهُ بِكُفْرِهِمْ فَقَلِيلًا مَّا يُؤْمِنُونَ 88

وَلَمَّا جَآءَهُمْ كِتَٰبٌ مِّنْ عِندِ ٱللَّهِ

مُصَدِّقٌ لِّمَا مَعَهُمْ وَكَانُوا۟ مِن قَبْلُ

يَسْتَفْتِحُونَ عَلَى ٱلَّذِينَ كَفَرُوا۟

فَلَمَّا جَآءَهُم مَّا عَرَفُوا۟ كَفَرُوا۟ بِهِۦ ج

فَلَعْنَةُ ٱللَّهِ عَلَى ٱلْكَٰفِرِينَ 89

بِئْسَمَا ٱشْتَرَوْا۟ بِهِۦٓ أَنفُسَهُمْ أَن

يَكْفُرُوا۟ بِمَآ أَنزَلَ ٱللَّهُ بَغْيًا أَن يُنَزِّلَ

ٱللَّهُ مِن فَضْلِهِۦ عَلَىٰ مَن يَشَآءُ

مِنْ عِبَادِهِۦ ۖ فَبَآءُو بِغَضَبٍ عَلَىٰ

غَضَبٍ ۚ وَلِلْكَٰفِرِينَ عَذَابٌ

مُّهِينٌ 90 وَإِذَا قِيلَ لَهُمْ ءَامِنُوا۟ بِمَآ

أَنزَلَ ٱللَّهُ قَالُواْ نُؤْمِنُ بِمَآ أُنزِلَ عَلَيْنَا

وَيَكْفُرُونَ بِمَا وَرَآءَهُۥ وَهُوَ ٱلْحَقُّ

مُصَدِّقًا لِّمَا مَعَهُمْ ۗ قُلْ فَلِمَ

تَقْتُلُونَ أَنۢبِيَآءَ ٱللَّهِ مِن قَبْلُ إِن كُنتُم

مُّؤْمِنِينَ 91

وَلَقَدْ جَآءَكُم مُّوسَىٰ بِٱلْبَيِّنَٰتِ

ثُمَّ ٱتَّخَذْتُمُ ٱلْعِجْلَ مِنۢ بَعْدِهِۦ وَأَنتُمْ

ظَٰلِمُونَ 92 وَإِذْ أَخَذْنَا مِيثَٰقَكُمْ

وَرَفَعْنَا فَوْقَكُمُ ٱلطُّورَ خُذُوا۟ مَآ

ءَاتَيْنَٰكُم بِقُوَّةٍ وَٱسْمَعُوا۟ ۖ قَالُوا۟

سَمِعْنَا وَعَصَيْنَا وَأُشْرِبُوا۟ فِى

قُلُوبِهِمُ ٱلْعِجْلَ بِكُفْرِهِمْ ۚ قُلْ

بِئْسَمَا يَأْمُرُكُم بِهِۦٓ إِيمَـٰنُكُمْ إِن

كُنتُم مُّؤْمِنِينَ **93** قُلْ إِن كَانَتْ لَكُمُ

ٱلدَّارُ ٱلْـَٔاخِرَةُ عِندَ ٱللَّهِ خَالِصَةً مِّن

دُونِ ٱلنَّاسِ فَتَمَنَّوُا۟ ٱلْمَوْتَ إِن

كُنتُمْ صَٰدِقِينَ 94 وَلَن يَتَمَنَّوْهُ أَبَدًا

بِمَا قَدَّمَتْ أَيْدِيهِمْ قلى وَٱللَّهُ عَلِيمٌۢ

بِٱلظَّٰلِمِينَ 95 وَلَتَجِدَنَّهُمْ أَحْرَصَ

ٱلنَّاسِ عَلَىٰ حَيَوٰةٍ وَمِنَ ٱلَّذِينَ

أَشْرَكُوا۟ ج يَوَدُّ أَحَدُهُمْ لَوْ يُعَمَّرُ أَلْفَ

سَنَةٍ وَمَا هُوَ بِمُزَحْزِحِهِۦ مِنَ

قلے

ٱلْعَذَابِ أَن يُعَمَّرَ وَٱللَّهُ بَصِيرٌۢ بِمَا

يَعْمَلُونَ 96 قُلْ مَن كَانَ عَدُوًّا

لِّجِبْرِيلَ فَإِنَّهُۥ نَزَّلَهُۥ عَلَىٰ قَلْبِكَ

بِإِذْنِ ٱللَّهِ مُصَدِّقًا لِّمَا بَيْنَ يَدَيْهِ

وَهُدًى وَبُشْرَىٰ لِلْمُؤْمِنِينَ 97 مَن

كَانَ عَدُوًّا لِّلَّهِ وَمَلَـٰٓئِكَتِهِۦ وَرُسُلِهِۦ

وَجِبْرِيلَ وَمِيكَىٰلَ فَإِنَّ ٱللَّهَ عَدُوٌّ

لِّلْكَٰفِرِينَ 98 وَلَقَدْ أَنزَلْنَآ إِلَيْكَ

ءَايَٰتٍۭ بَيِّنَٰتٍ صلى وَمَا يَكْفُرُ بِهَآ إِلَّا

ٱلْفَٰسِقُونَ 99 أَوَكُلَّمَا عَٰهَدُوا۟ عَهْدًا

نَّبَذَهُۥ فَرِيقٌ مِّنْهُم ج بَلْ أَكْثَرُهُمْ لَا

يُؤْمِنُونَ 100 وَلَمَّا جَآءَهُمْ رَسُولٌ

مِّنْ عِندِ ٱللَّهِ مُصَدِّقٌ لِّمَا مَعَهُمْ نَبَذَ
فَرِيقٌ مِّنَ ٱلَّذِينَ أُوتُوا۟ ٱلْكِتَـٰبَ
كِتَـٰبَ ٱللَّهِ وَرَآءَ ظُهُورِهِمْ كَأَنَّهُمْ لَا
يَعْلَمُونَ 101 وَٱتَّبَعُوا۟ مَا تَتْلُوا۟
ٱلشَّيَـٰطِينُ عَلَىٰ مُلْكِ سُلَيْمَـٰنَ صلى
وَمَا كَفَرَ سُلَيْمَـٰنُ وَلَـٰكِنَّ

ٱلشَّيَٰطِينَ كَفَرُواْ يُعَلِّمُونَ ٱلنَّاسَ

ٱلسِّحْرَ وَمَآ أُنزِلَ عَلَى ٱلْمَلَكَيْنِ

بِبَابِلَ هَٰرُوتَ وَمَٰرُوتَ ج وَمَا

يُعَلِّمَانِ مِنْ أَحَدٍ حَتَّىٰ يَقُولَآ إِنَّمَا

نَحْنُ فِتْنَةٌ فَلَا تَكْفُرْ صلى فَيَتَعَلَّمُونَ

مِنْهُمَا مَا يُفَرِّقُونَ بِهِۦ بَيْنَ ٱلْمَرْءِ

وَزَوْجِهِۦ ۚ وَمَا هُم بِضَآرِّينَ بِهِۦ

مِنْ أَحَدٍ إِلَّا بِإِذْنِ ٱللَّهِ ۚ

وَيَتَعَلَّمُونَ مَا يَضُرُّهُمْ وَلَا

يَنفَعُهُمْ ۚ وَلَقَدْ عَلِمُوا۟ لَمَنِ

ٱشْتَرَىٰهُ مَا لَهُۥ فِى ٱلْـَٔاخِرَةِ مِنْ

خَلَٰقٍ ج وَلَبِئْسَ مَا شَرَوْاْ بِهِۦٓ

أَنفُسَهُمْ ج لَوْ كَانُواْ يَعْلَمُونَ 102

وَلَوْ أَنَّهُمْ ءَامَنُواْ وَٱتَّقَوْاْ لَمَثُوبَةٌ

مِّنْ عِندِ ٱللَّهِ خَيْرٌ صلى لَّوْ كَانُواْ

يَعْلَمُونَ 103 يَٰٓأَيُّهَا ٱلَّذِينَ ءَامَنُواْ

لَا تَقُولُواْ رَٰعِنَا وَقُولُواْ ٱنظُرْنَا

وَٱسْمَعُوا۟ قلى وَلِلْكَـٰفِرِينَ عَذَابٌ

أَلِيمٌ 104 مَّا يَوَدُّ ٱلَّذِينَ كَفَرُوا۟ مِنْ

أَهْلِ ٱلْكِتَـٰبِ وَلَا ٱلْمُشْرِكِينَ أَن

يُنَزَّلَ عَلَيْكُم مِّنْ خَيْرٍ مِّن رَّبِّكُمْ قلى

وَٱللَّهُ يَخْتَصُّ بِرَحْمَتِهِۦ مَن يَشَآءُ ج

وَٱللَّهُ ذُو ٱلْفَضْلِ ٱلْعَظِيمِ 105

۞ مَا نَنسَخْ مِنْ ءَايَةٍ أَوْ نُنسِهَا

نَأْتِ بِخَيْرٍ مِّنْهَآ أَوْ مِثْلِهَآ ۗ أَلَمْ

تَعْلَمْ أَنَّ ٱللَّهَ عَلَىٰ كُلِّ شَىْءٍ

قَدِيرٌ 106

أَلَمْ تَعْلَمْ أَنَّ ٱللَّهَ لَهُۥ مُلْكُ

ٱلسَّمَٰوَٰتِ وَٱلْأَرْضِ ۗ وَمَا لَكُم

مِّن دُونِ ٱللَّهِ مِن وَلِيٍّ وَلَا

نَصِيرٍ **107** أَمْ تُرِيدُونَ أَن تَسْـَٔلُوا۟

رَسُولَكُمْ كَمَا سُئِلَ مُوسَىٰ مِن قَبْلُ قلى

وَمَن يَتَبَدَّلِ ٱلْكُفْرَ بِٱلْإِيمَٰنِ فَقَدْ

ضَلَّ سَوَآءَ ٱلسَّبِيلِ **108**

وَدَّ كَثِيرٌ مِّنْ أَهْلِ ٱلْكِتَٰبِ لَوْ

يَرُدُّونَكُم مِّنۢ بَعْدِ إِيمَٰنِكُمْ كُفَّارًا

حَسَدًا مِّنْ عِندِ أَنفُسِهِم مِّنۢ بَعْدِ مَا

تَبَيَّنَ لَهُمُ ٱلْحَقُّ ۖ فَٱعْفُوا۟

وَٱصْفَحُوا۟ حَتَّىٰ يَأْتِىَ ٱللَّهُ بِأَمْرِهِۦٓ ۗ

إِنَّ ٱللَّهَ عَلَىٰ كُلِّ شَىْءٍ قَدِيرٌ 109

وَأَقِيمُوا۟ ٱلصَّلَوٰةَ وَءَاتُوا۟ ٱلزَّكَوٰةَ ج

وَمَا تُقَدِّمُوا۟ لِأَنفُسِكُم مِّنْ خَيْرٍ

تَجِدُوهُ عِندَ ٱللَّهِ قلى إِنَّ ٱللَّهَ بِمَا

تَعْمَلُونَ بَصِيرٌ 110 وَقَالُوا۟ لَن

يَدْخُلَ ٱلْجَنَّةَ إِلَّا مَن كَانَ هُودًا أَوْ

نَصَٰرَىٰ قلى تِلْكَ أَمَانِيُّهُمْ قلى قُلْ هَاتُوا۟

بُرْهَٰنَكُمْ إِن كُنتُمْ صَٰدِقِينَ 111 بَلَىٰ

مَنْ أَسْلَمَ وَجْهَهُۥ لِلَّهِ وَهُوَ مُحْسِنٌ

فَلَهُۥٓ أَجْرُهُۥ عِندَ رَبِّهِۦ وَلَا خَوْفٌ

عَلَيْهِمْ وَلَا هُمْ يَحْزَنُونَ 112 وَقَالَتِ

ٱلْيَهُودُ لَيْسَتِ ٱلنَّصَٰرَىٰ عَلَىٰ

شَىْءٍ وَقَالَتِ ٱلنَّصَٰرَىٰ لَيْسَتِ

ٱلْيَهُودُ عَلَىٰ شَىْءٍ وَهُمْ يَتْلُونَ

ٱلْكِتَٰبَ قلے كَذَٰلِكَ قَالَ ٱلَّذِينَ لَا

يَعْلَمُونَ مِثْلَ قَوْلِهِمْ ج فَٱللَّهُ يَحْكُمُ

بَيْنَهُمْ يَوْمَ ٱلْقِيَٰمَةِ فِيمَا كَانُوا۟ فِيهِ

يَخْتَلِفُونَ 113 وَمَنْ أَظْلَمُ مِمَّن مَّنَعَ

مَسَٰجِدَ ٱللَّهِ أَن يُذْكَرَ فِيهَا ٱسْمُهُۥ

وَسَعَىٰ فِى خَرَابِهَآ ج أُوْلَٰٓئِكَ مَا

كَانَ لَهُمْ أَن يَدْخُلُوهَآ إِلَّا خَآئِفِينَ ج

لَهُمْ فِى ٱلدُّنْيَا خِزْىٌ وَلَهُمْ فِى

ٱلْءَاخِرَةِ عَذَابٌ عَظِيمٌ 114

وَلِلَّهِ ٱلْمَشْرِقُ وَٱلْمَغْرِبُ ج فَأَيْنَمَا

تُوَلُّوا۟ فَثَمَّ وَجْهُ ٱللَّهِ ج إِنَّ ٱللَّهَ وَٰسِعٌ

عَلِيمٌ 115 وَقَالُوا۟ ٱتَّخَذَ ٱللَّهُ وَلَدًا قلے

سُبْحَٰنَهُۥ صلے بَل لَّهُۥ مَا فِى ٱلسَّمَٰوَٰتِ

وَٱلْأَرْضِ صلے كُلٌّ لَّهُۥ قَٰنِتُونَ 116 بَدِيعُ

ٱلسَّمَٰوَٰتِ وَٱلْأَرْضِ ۖ وَإِذَا قَضَىٰٓ

أَمْرًا فَإِنَّمَا يَقُولُ لَهُۥ كُن فَيَكُونُ 117

وَقَالَ ٱلَّذِينَ لَا يَعْلَمُونَ لَوْلَا

يُكَلِّمُنَا ٱللَّهُ أَوْ تَأْتِينَآ ءَايَةٌ ۗ كَذَٰلِكَ

قَالَ ٱلَّذِينَ مِن قَبْلِهِم مِّثْلَ قَوْلِهِمْ ۘ

تَشَٰبَهَتْ قُلُوبُهُمْ ۗ قَدْ بَيَّنَّا ٱلْءَايَٰتِ

لِقَوْمٍ يُوقِنُونَ 118 إِنَّآ أَرْسَلْنَٰكَ

بِٱلْحَقِّ بَشِيرًا وَنَذِيرًا صلى وَلَا تُسْـَٔلُ

عَنْ أَصْحَٰبِ ٱلْجَحِيمِ 119

وَلَن تَرْضَىٰ عَنكَ ٱلْيَهُودُ وَلَا

ٱلنَّصَٰرَىٰ حَتَّىٰ تَتَّبِعَ مِلَّتَهُمْ قلى قُلْ

إِنَّ هُدَى ٱللَّهِ هُوَ ٱلْهُدَىٰ قلى وَلَئِنِ

ٱتَّبَعْتَ أَهْوَآءَهُم بَعْدَ ٱلَّذِى جَآءَكَ

مِنَ ٱلْعِلْمِ ۙ مَا لَكَ مِنَ ٱللَّهِ مِن وَلِىٍّ

وَلَا نَصِيرٍ 120 ٱلَّذِينَ ءَاتَيْنَـٰهُمُ

ٱلْكِتَـٰبَ يَتْلُونَهُۥ حَقَّ تِلَاوَتِهِۦٓ

أُو۟لَـٰٓئِكَ يُؤْمِنُونَ بِهِۦ ۗ وَمَن يَكْفُرْ

بِهِۦ فَأُو۟لَـٰٓئِكَ هُمُ ٱلْخَـٰسِرُونَ 121

يَٰبَنِيٓ إِسۡرَٰٓءِيلَ ٱذۡكُرُواْ نِعۡمَتِيَ ٱلَّتِيٓ

أَنۡعَمۡتُ عَلَيۡكُمۡ وَأَنِّي فَضَّلۡتُكُمۡ

عَلَى ٱلۡعَٰلَمِينَ **122** وَٱتَّقُواْ يَوۡمٗا لَّا

تَجۡزِي نَفۡسٌ عَن نَّفۡسٖ شَيۡـٔٗا وَلَا

يُقۡبَلُ مِنۡهَا عَدۡلٞ وَلَا تَنفَعُهَا شَفَٰعَةٞ

وَلَا هُمۡ يُنصَرُونَ **123**

وَإِذِ ٱبْتَلَىٰٓ إِبْرَٰهِۦمَ رَبُّهُۥ

بِكَلِمَٰتٍ فَأَتَمَّهُنَّ ۖ قَالَ إِنِّى

جَاعِلُكَ لِلنَّاسِ إِمَامًا ۖ قَالَ وَمِن

ذُرِّيَّتِى ۖ قَالَ لَا يَنَالُ عَهْدِى

ٱلظَّٰلِمِينَ 124 وَإِذْ جَعَلْنَا ٱلْبَيْتَ

مَثَابَةً لِّلنَّاسِ وَأَمْنًا وَٱتَّخِذُوا۟ مِن

صلى
مَقَامِ إِبْرَٰهِـۧمَ مُصَلًّى وَعَهِدْنَآ إِلَىٰٓ
إِبْرَٰهِـۧمَ وَإِسْمَـٰعِيلَ أَن طَهِّرَا بَيْتِىَ
لِلطَّآئِفِينَ وَٱلْعَـٰكِفِينَ وَٱلرُّكَّعِ
ٱلسُّجُودِ 125 وَإِذْ قَالَ إِبْرَٰهِـۧمُ رَبِّ
ٱجْعَلْ هَـٰذَا بَلَدًا ءَامِنًا وَٱرْزُقْ أَهْلَهُۥ
مِنَ ٱلثَّمَرَٰتِ مَنْ ءَامَنَ مِنْهُم بِٱللَّهِ

وَٱلْيَوْمِ ٱلْـَٔاخِرِ ۖ قَالَ وَمَن كَفَرَ

فَأُمَتِّعُهُۥ قَلِيلًا ثُمَّ أَضْطَرُّهُۥٓ إِلَىٰ

عَذَابِ ٱلنَّارِ ۖ وَبِئْسَ ٱلْمَصِيرُ 126

وَإِذْ يَرْفَعُ إِبْرَٰهِـۧمُ ٱلْقَوَاعِدَ مِنَ

ٱلْبَيْتِ وَإِسْمَـٰعِيلُ رَبَّنَا تَقَبَّلْ مِنَّآ ۖ

إِنَّكَ أَنتَ ٱلسَّمِيعُ ٱلْعَلِيمُ 127

رَبَّنَا وَٱجْعَلْنَا مُسْلِمَيْنِ لَكَ وَمِن

ذُرِّيَّتِنَآ أُمَّةً مُّسْلِمَةً لَّكَ وَأَرِنَا

مَنَاسِكَنَا وَتُبْ عَلَيْنَآ ۖ إِنَّكَ أَنتَ

ٱلتَّوَّابُ ٱلرَّحِيمُ **128** رَبَّنَا وَٱبْعَثْ

فِيهِمْ رَسُولًا مِّنْهُمْ يَتْلُوا۟ عَلَيْهِمْ

ءَايَـٰتِكَ وَيُعَلِّمُهُمُ ٱلْكِتَـٰبَ

وَٱلْحِكْمَةَ وَيُزَكِّيهِمْ ج إِنَّكَ أَنتَ

ٱلْعَزِيزُ ٱلْحَكِيمُ 129 وَمَن يَرْغَبُ

عَن مِّلَّةِ إِبْرَٰهِـۧمَ إِلَّا مَن سَفِهَ نَفْسَهُۥ ج

وَلَقَدِ ٱصْطَفَيْنَٰهُ فِى ٱلدُّنْيَا صلى وَإِنَّهُۥ

فِى ٱلْءَاخِرَةِ لَمِنَ ٱلصَّٰلِحِينَ 130 إِذْ

قَالَ لَهُۥ رَبُّهُۥٓ أَسْلِمْ صلى قَالَ أَسْلَمْتُ

لِرَبِّ ٱلْعَٰلَمِينَ 131 وَوَصَّىٰ بِهَآ

إِبْرَٰهِـۧمُ بَنِيهِ وَيَعْقُوبُ يَٰبَنِىَّ إِنَّ ٱللَّهَ

ٱصْطَفَىٰ لَكُمُ ٱلدِّينَ فَلَا تَمُوتُنَّ إِلَّا

وَأَنتُم مُّسْلِمُونَ 132 أَمْ كُنتُمْ

شُهَدَآءَ إِذْ حَضَرَ يَعْقُوبَ ٱلْمَوْتُ إِذْ

قَالَ لِبَنِيهِ مَا تَعْبُدُونَ مِنۢ بَعْدِى

قَالُواْ نَعۡبُدُ إِلَٰهَكَ وَإِلَٰهَ ءَابَآئِكَ

إِبۡرَٰهِـۧمَ وَإِسۡمَٰعِيلَ وَإِسۡحَٰقَ إِلَٰهٗا

وَٰحِدٗا وَنَحۡنُ لَهُۥ مُسۡلِمُونَ **133** تِلۡكَ

أُمَّةٞ قَدۡ خَلَتۡۖ لَهَا مَا كَسَبَتۡ

وَلَكُم مَّا كَسَبۡتُمۡۖ وَلَا تُسۡـَٔلُونَ

عَمَّا كَانُواْ يَعۡمَلُونَ **134**

وَقَالُوا۟ كُونُوا۟ هُودًا أَوْ نَصَٰرَىٰ

تَهْتَدُوا۟ قلى قُلْ بَلْ مِلَّةَ إِبْرَٰهِـۧمَ حَنِيفًا صلى

وَمَا كَانَ مِنَ ٱلْمُشْرِكِينَ 135

قُولُوٓا۟ ءَامَنَّا بِٱللَّهِ وَمَآ أُنزِلَ إِلَيْنَا

وَمَآ أُنزِلَ إِلَىٰٓ إِبْرَٰهِـۧمَ وَإِسْمَٰعِيلَ

وَإِسْحَٰقَ وَيَعْقُوبَ وَٱلْأَسْبَاطِ وَمَآ

أُوتِيَ مُوسَىٰ وَعِيسَىٰ وَمَآ أُوتِيَ

ٱلنَّبِيُّونَ مِن رَّبِّهِمْ لَا نُفَرِّقُ بَيْنَ أَحَدٍ

مِّنْهُمْ وَنَحْنُ لَهُۥ مُسْلِمُونَ 136

فَإِنْ ءَامَنُوا۟ بِمِثْلِ مَآ ءَامَنتُم بِهِۦ

فَقَدِ ٱهْتَدَوا۟ صلى وَّإِن تَوَلَّوْا۟ فَإِنَّمَا هُمْ

فِى شِقَاقٍ صلى فَسَيَكْفِيكَهُمُ ٱللَّهُ ج

وَهُوَ ٱلسَّمِيعُ ٱلْعَلِيمُ 137 صِبْغَةَ

ٱللَّهِ صلى وَمَنْ أَحْسَنُ مِنَ ٱللَّهِ صِبْغَةً صلى

وَنَحْنُ لَهُۥ عَـٰبِدُونَ 138 قُلْ

أَتُحَآجُّونَنَا فِى ٱللَّهِ وَهُوَ رَبُّنَا

وَرَبُّكُمْ وَلَنَآ أَعْمَـٰلُنَا وَلَكُمْ

أَعْمَـٰلُكُمْ وَنَحْنُ لَهُۥ مُخْلِصُونَ 139

أَمْ تَقُولُونَ إِنَّ إِبْرَٰهِـۧمَ وَإِسْمَـٰعِيلَ

وَإِسْحَـٰقَ وَيَعْقُوبَ وَٱلْأَسْبَاطَ

كَانُوا۟ هُودًا أَوْ نَصَـٰرَىٰ قلى قُلْ ءَأَنتُمْ

أَعْلَمُ أَمِ ٱللَّهُ قلى وَمَنْ أَظْلَمُ مِمَّن كَتَمَ

شَهَـٰدَةً عِندَهُۥ مِنَ ٱللَّهِ قلى وَمَا ٱللَّهُ

بِغَـٰفِلٍ عَمَّا تَعْمَلُونَ **140**

تِلْكَ أُمَّةٌ قَدْ خَلَتْ صلى لَهَا مَا كَسَبَتْ

وَلَكُم مَّا كَسَبْتُمْ صلى وَلَا تُسْـَٔلُونَ

عَمَّا كَانُوا۟ يَعْمَلُونَ 141

End of Hizb 2

والحمد لله